AF500727

HENRI-GABRIEL IBELS

par

CHARLES SAUNIER

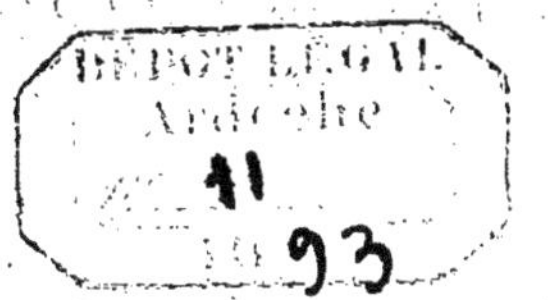

MDCCCLXXXXIII.

H.-G. IBELS

CHARLES SAUNIER

H.-G. IBELS

EDITION DE « LA PLUME »
31, rue Bonaparte, 31
PARIS

1893

Il a été tiré de cet ouvrage :

Quinze exemplaires sur papier des manufactures impériales du Japon, au prix de vingt francs. (Chacun de ces exemplaires contient un dessin original d'Ibels).

Cent exemplaires sur papier simili-japon, au prix de deux francs l'exemplaire.

Tous les exemplaires sont numérotés et signés.

N°

HENRI-GABRIEL IBELS

ARMI les jeunes artistes, dont les tentatives hardies vers un art d'intellectualité neuve, inquiétèrent ces derniers temps les délicats, le nom de Henri-Gabriel Ibels se détache, significatif.

En effet, alors que la plupart de ses compagnons de lutte subordonnent leurs conceptions aux hasards de la ligne ou de la séduction de la couleur, lui, s'applique à un dessin rigoureux. Non académiquement figé certes, mais expressif, vivant, donnant l'au-delà des choses, des frissons de passion. Autant que quiconque, il veut belle la couleur, mais celle-ci, en employant les termes d'un autre art, ne sera que la symphonie qui enveloppe le drame, c'est-à-dire le dessin.

Cette névrose de la couleur, des tonalités rares, sera la maladie caractéristique des artistes de ce temps. Sa cause, les recherches excessives de tels maîtres impressionnistes et aussi le bel art japonais imparfaitement observé, lui si rationnel dans sa ligne et sa polychromie. — Mais ces préoccupations exclusives de coloris quelles erreurs elles ont excusées, combien d'œuvres gâtées à leur mirage ! Les promoteurs eux-mêmes, n'en sont pas restés indemnes. Si Cézanne a pu obtenir parfois des harmonies plus suaves, Paul Gauguin des effets plus rares, que d'égarements dans la dernière manière de Renoir ! — Où sont les féminines élégances de jadis, les chairs nacrées, les regards adamantins ?

Le cas de M. Ibels est donc très spécial, puisque hanté par ces mêmes préoccupations, mêlé aux outranciers disciples de Gauguin et de Cézanne, il est tôt arrivé à donner la prépondérance à la ligne intégrale.

⁂

Je parlerai plus tard de la genèse de l'artiste, de son stage d'apprenti, mais avant d'aborder la critique de son œuvre je veux dire sa méthode de travail, les phases de la création.

M. Ibels procède par l'observation continue, intense des êtres dont il veut traduire les gestes. Mentalement il les étudie, s'imprègne de leur milieu, puis résume ses sensations en des traits essentiels qu'il modifie, simplifie encore pour la réalisation définitive. Les types surgissent alors dans leur allure caractéristique, cernés dans un contour précis modifié seulement par quelques traits. Ils vivent, s'agitent, remuent ; au physique et au moral ils s'expliquent.

Parfois M. Ibels songe un type possible, mentalement le vit. Mais il le traduira seulement lorsque les circonstances lui permettront de l'examiner dans son activité. On pourrait donc définir cet art : une intellectualité expérimentale.

Il se plait aussi à modeler en cire ou en terre une figurine. Lorsqu'il sent bien la forme, il la dessine.

Cet impérieux souci de vie et de mouvement, que si peu eurent, fait beaucoup présager de M. Ibels. Ses procédés sont ceux des plus grands : de Léonard de Vinci et de Rembrandt, plus récemment de Daumier et de Degas. Aussi sera-t-il permis de trouver quelque parenté entre un croquis de ces maîtres et telle recherche de M. Ibels. Comme eux, aussi, ses investigations ne se bornent pas aux seuls êtres coudoyés en la vie, mais aux objets, aux paysages : d'où, une œuvre très diversifiée, interprétée à l'huile, au pastel, à l'eau forte ; par la lithographie, la sculpture, l'affiche.

***

Lutteurs.

Les débuts publics de M. Ibels datent des Indépendants de 1891. Il s'y montra dans des œuvres très diverses : influencé par Van Gogh « le peintre fou de couleur » dans de rutilantes *Oranges* et dans un *Soleil couchant ;* plus personnel, avec un *Intérieur*, effet de lumière rendu à l'aide de rares tonalités et un typique croquis : *Bonhomme portant un sac de charbon.*

Cet ensemble promettait. En effet, quelques mois après, les amateurs et les artistes appréciaient de Henri-Gabriel Ibels, des peintures, une suite de dessins soulignés de légendes dans le MESSAGER

FRANÇAIS, enfin cette belle affiche de *Mévisto* qui caractérise si bien ses volontés.

Ce sont les tendances de ces œuvres, leurs qualités spéciales que je veux faire ressortir.

Une étude de forains, résumé de nombreux croquis, fut l'œuvre importante qui suivit les Indépendants de 1891. En un champ de foire, parmi la cohue des baraques, les élancements des mâts, le chatoiement des andrinoples, des drapeaux et des ombrelles, en un terrain circonscrit par des toiles volantes, des hercules évoluent ; un tambour faussé ferraille sous les coups d'un pauvre hère ; un public diversifié, en cercle, s'intéresse : mondaines, messieurs, voyous, bonnes d'enfants, soldats ; ceux-ci replets, palourds, étonnés. — Par une éclaircie, des baraques lointaines se vernissent d'un radieux rayon de soleil. Mais le décor, les spectateurs examinés, l'attention se fixe sur l'hercule central entouré de ses poids. Son maillot se tend, trop étroit sur les formes adipeuses, les jambes s'équilibrent prêtes à subir l'effort, les muscles des bras se gonflent, la face apoplectique halète. En contraste, à l'écart, un pître mal bâti, trop maigre, aux varices comiques, aux bras infinis, permettant de porter loin le chapeau qui recevra les sous de « l'honorable société » : piteux pantin voué aux petites besognes, aux rôles ridicules.

Cette toile d'une observation si aiguë, un peu trop anecdotique peut-être et crue, ne put malheureusement figurer à l'Exposition de Saint-Germain qui réserva, cette année-là, un coin spécial aux productions révolutionnaires de MM. Maurice Denis, Vuillard, Bonnard, Séruzier et Gausson. — M. Ibels en a tiré un curieux éventail que l'on put voir aux Indépendants de 1892, en même temps qu'un paysage où, dans un clair fouillis de verdure grasse, à mi-hauteur d'un coteau, le clocher d'une église s'élançait blond dans l'harmonie verte. M. Ibels envoyait encore une nature-morte aux valeurs rapprochées, conçue sous l'admiration de Cézanne : sur une nappe froissée, une bouteille, des pommes aux dorures compliquées de reflets, un couteau ; des pastels : études de lutteurs ; des lithographies et des eaux-fortes : *Bonne dame*, *Femme couchée*.

Mais quel que puisse être l'intérêt d'une nature-morte ou d'un paysage, pour l'artiste surtout qui y voit des harmonies, des nuances spécieuses, cet intérêt est bien vite primé par la moindre étude d'humanité évocatrice de plus complexes sensations. — Il faut excepter le presque unique cas d'un Corot — M. Ibels semble l'avoir compris, puisque ses dernières compositions sont consacrées toutes à l'étude de la vie, de la vie militante. L'affiche de *Mévisto*, *l'Entrée en scène*, les portraits de *Marcel Legay* caractérisent cette dernière période.

On sait que M. Mévisto, ce bel artiste, s'est chargé d'interpréter sur les scènes des concerts, de petites pièces littéraires qui lui permettent de rendre avec une incomparable mimique des sensations très diverses. Dans son « Entrée en scène » on le voit,

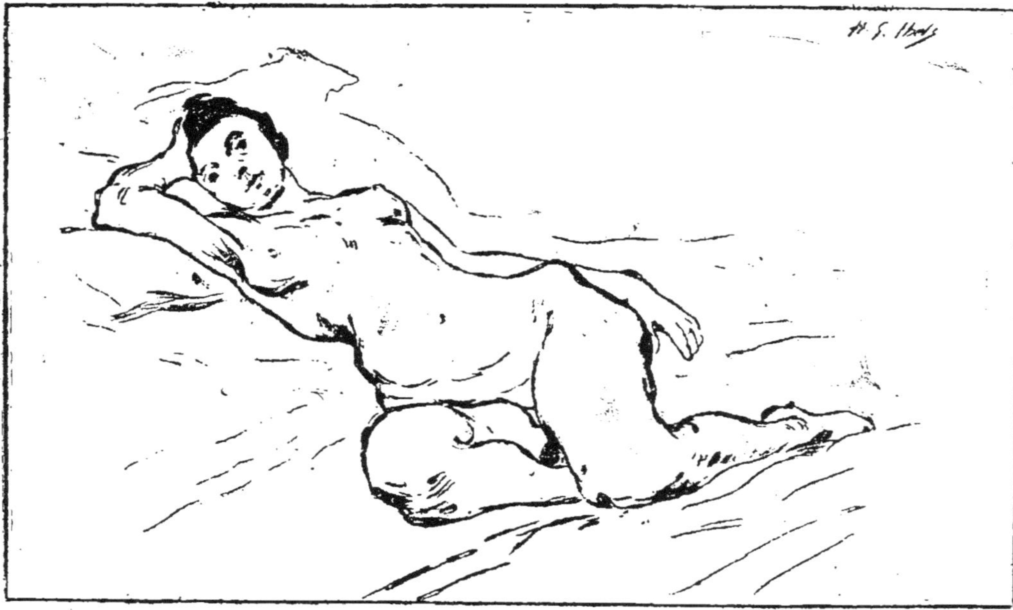

Etude.

L'Amour s'amuse.

fantôme blanc, surgir dans une attitude hardie, renversée, avec un visage tourmenté ; au-delà de la rampe lumineuse qui dore l'acteur, s'étagent du parterre aux galeries, des spectateurs, un garçon affairé. Quatre délicieuses lithographies en couleur, dessinées par M. Ibels pour l'illustration d'une saynète, l'*Amour s'amuse*, montrent Mévisto seul ou en compagnie de Colombine et résument ces émotions violentes : le vol, l'amour, le dédain, la possession. Sur fond noir, Pierrot-Mévisto serre dans un geste de remords, l'argent volé pour satisfaire les exigences de Colombine ; sur décor orange, Colombine vouée à l'or, dédaigne l'amour de Pierrot pauvre ; celui-ci affolé donne l'argent volé, mais tôt révolté, se rit maintenant des vénales démonstrations de Colombine : fond vert ; sa révolte dure peu hélas ! car le voici qui enserre frénétiquement sa maîtresse : fond bleu. — Dans ces quatre petites scènes, les personnages aux élégants gestes caractérisques sont circonscrits dans un trait unique ; les couleurs de chaque planche, appropriées aux scènes, forment décor, — M. Ibels se préoccupant constamment des ressources que peuvent présenter les procédés employés.

Ce Mévisto dont son portraitiste possède les plus subtiles allures, sans pourtant l'avoir jamais fait poser, c'est-à-dire sans jamais avoir exigé une interruption de mouvement, M. Ibels le fit vivre dès ses premiers croquis parus dans le MESSAGER FRANÇAIS, à la suite des représentations de la *Folie de*

Pierrot. L'acteur y est tour à tour triste, macabre, joyeux, fou, toujours d'une parfaite ressemblance morale et physique sous le trait de plume léger.

Mais ces efforts de Mévisto si bien analysés dans « l'Entrée en scène » et dans les différents croquis et lithographies dont j'ai parlé se trouvent admirablement synthétisés dans la belle affiche qui arrêta maintes fois sur les murs parisiens, ceux qui pensent : en une banlieue pelée, bornée par les hautes et sombres cheminées d'une usine, serpente un chemin. Au loin un cultivateur écrase les mottes d'un terrain ingrat ; plus près, signalé par un képi flasque, déambule lourdement un militaire au large pantalon mi-caché par une tunique qui ballotte ; enfin assis sur une herbe rare un loupeur, la pipe à la bouche, sourit gouailleusement. Mais de profil, tout près, se présente l'acteur Mévisto, il regarde cette triste campagne au ciel de suie, ce laboureur luttant contre l'aridité du sol, ce soldat ballant, rêvant de liberté, peut-être de révolte, il s'intéresse à ce misérable réfugié au milieu des détritus puants ; il étudie ces êtres pour rendre le soir, à Paris, leurs angoisses, faire de ses émotions frissonner ses oisifs auditeurs.

Jusqu'alors l'affiche avait été simplement attrayante. M. Chéret, puis MM. Bonnard, Denis en avaient extrait la joie, la séduction. Il appartenait à M. Ibels — et aussi à M. de Toulouse-Lautrec, — de lui donner une signification plus élevée, d'en faire

MÉVISTO.
Imprimé chez Ed Delanchy

une satire de mœurs, un réquisitoire contre la société ploutocrate.

***

Mévisto, pour Henri-Gabriel Ibels est un souple schéma des passions. Les très artistes Martinetti et, dans un sens moins élevé, Mlle Yvette Guilbert et Marcel Legay reflètent des expressions plus spéciales. Les admirables mimes en leurs gestes parlants vont des actions basses aux angoisses poignantes ; Mlle Yvette Guilbert inversement, dans une disette de mouvement, représente un maximum d'expression. Ces dessins encore inédits, seront en leur simplicité la plus parfaite interprétation des allures de ces acteurs d'élite.

Pour M. Marcel Legay le cas devient tout à fait particulier. Le sujet : un peu artiste, beaucoup cabotin, — une grande fatuité. Sous les applaudissements de la foule, il sourit, prend des poses, souligne sa diction, devient parfois épique. C'est tout cela que rend M. Ibels. Dans le portrait peint, exposé actuellement à la porte de l'ELDORADO, il apparaît en sa célèbre lévite, la tête jetée en arrière, clamant haut ses chants favoris : silhouette bleue sur fond jaune se muant en orange. Une gouache répète ce portrait ; elle permet d'étudier les procédés du peintre : en quelques touches larges, la figure se modèle, les yeux vivent, la bouche s'ouvre dans une expression d'orgueil intense.

Sur quelques romances du chanteur, on le retrouve encore en des attitudes caractéristiques. Pour « Ma mie arrive ce matin » le voici de dos, ses cheveux longs en éventail tombant sur sa lévite gonflée en cerceau ; le bras droit levé et le gauche qui retombe décrivent ainsi une diagonale de gloire ; avec « la Campagne verte » il se présente de face, la tête levée — toujours, — l'air bon enfant, agitant la main gauche tandis que la droite perdue dans la poche du pantalon, permet le vêtement ouvert qui laisse voir un gilet à larges revers.

***

Les récents programmes du THÉATRE-LIBRE montrent quels puissants effets peut tirer un véritable artiste d'un procédé aussi grossier que la chromo-lithographie. On connaît les deux premiers : l'un, une baraque de foire, un hercule adipeux, des sylphides maigres, deux têtes de soldats ; l'autre, au bord de la mer, des dames mûres, en noir, contrastent, maussades, avec des enfants aux costumes écarlates, tout à la joie de la mer. Le troisième, l'un des plus beaux assurément, montre un régiment rentrant à la caserne. Les fantassins surgissent en un fouillis oblique, rythmé par la marche ; un officier se distingue avec sa silhouette cassante au premier plan s'égosillent des clairons. En contraste, devant le poste, des plantons reposés, regardent.

Nombre de gens à propos de ces programmes se sont plaints des divergences qui existaient entre la pièce et son programme. Chose voulue par l'artiste qui se défend ainsi : « L'intrigue est déjà illustrée par les acteurs évoluant sur une scène munie de décors anecdotiques. Quel intérêt peut alors avoir une seconde interprétation ? » M. Ibels veut simplement rendre en leur milieu une série de types qui seront appelés à paraître dans les diverses œuvres que représente chaque année le THÉATRE-LIBRE. Cette baigneuse, ce gommeux ne sont pas Mme ou M. *** mais bien des types caractéristiques de baigneuse, de gommeux. Parallèlement donc les programmes du THÉATRE-LIBRE, ne sont pas destinés à illustrer tel drame ou telle comédie, mais à évoquer les êtres qui peuvent figurer dans toutes les pièces représentées.

Pour M. Henri-Gabriel Ibels un livre également ne saurait être surchargé de vignettes anecdotiques qui imposent aux lecteurs des tableaux souvent peu conformes à leurs sensations, mais simplement contenir une série de types et de milieux, évoquant chez les intellectuels, le *déjà vu*.

Dans les programmes suivants défileront des magistrats, le clergé, le monde des cafés.

***

Pour l'illustration de chansons et de monologues, M. Ibels a composé une série de lithographies rehaussées de couleur ou simplement noires, qui tranchent heureusement sur les compositions ineptes figurant une insipide jouvencelle, un pompier ivre, ou quelque hirondelle.

Mais maintenant que des littérateurs véritables, des poëtes de talent se plaisent à écrire pour le Café-Concert de petits poëmes où des préoccupations sociales se mêlent aux préoccupations d'art, que des artistes comme les frères Mévisto consentent à les interpréter devant un public souvent rétif, mais que domine vite le talent véritable, des dessins plus artistiques peuvent sans honte décorer ces petits récits : d'où les frontispices de Henri-Gabriel Ibels.

Par les vitrines des marchands de journaux on a déjà vu la série des *J. Mévisto*, pierrots verdâtres aux gestes circonstanciés. — Le souvenir de cette tête de mort que scrute le Pierrot des *Macchabées* ! Voici parmi tant d'autres, la *Chanson du Rouet* : une robuste paysanne donnant le sein à son enfant ; le *Malchanceux*, ouvrier zingueur pris dans sa démarche caractéristique ; le *Condamné* : pierrot terrifié, en chemise blanche serrée dans une culotte noire, les bras mi-nus, tenant dans son poing serré le couteau meurtrier ; la tête blême, hagarde, s'allonge en accent circonflexe. Le crayon s'est complu à velouter les ombres, à caresser les contours, faisant de ce modeste frontispice une véritable œuvre d'art.

Mais des sujets moins tristes sont permis à l'illustrateur. Voici un élégant Pierrot en tunique mauve, en culotte violette, aux prises avec une malicieuse Colombine habillée de blanc ; puis de bien intéressantes silhouettes d'enfants aux vêtements chatoyants. Ces petits bonshommes marquent des humeurs diverses. On distingue vite le sournois, avec sa tignasse jaune, son tablier violet, — le fiérot à l'allure droite, — le philosophe en robe courte cachée par un châle rouge drapé, coiffé d'un béret blanc, passant désintéressé au milieu de ses camarades. Celui-ci joue avec un chat, cet autre fait des pâtés. — Parmi les blés dorés, près d'un bois vert, sous un radieux ciel bleu un amoureux enserre son amie vêtue d'une claire robe lilas.

Les frontispices se multiplient ainsi, diversifiés et toujours artistiques, joyeux ou poignants, sans mignardise ni sentimentalisme.

***

Les quelque vingt études de mœurs soulignées de légendes, que Henri-Gabriel Ibels publia dans l'éphémère MESSAGER FRANÇAIS sauveront de l'oubli ce journal. Il y fit défiler les types les plus contraires : le cocher, la fille, le magistrat, les bourgeois, soulignant dextrement leurs vices ou simplement leurs ridicules. Dans ces dessins rien que l'essentiel : une teinte plate comme décor, un trait précis cernant les figures.

En un lit de rencontre un monsieur convenable dort : magistrat ou gros industriel. Sa tête boursouflée par la graisse blanche contraste avec le visage flûté de la fille restée éveillée. Elle veut se rappeler : « J'ai vu cette gueule-là quelque part ». — Au bord de la mer à l'écart des baigneurs, une vieille dame — âme de chouette — et une jeune femme échangent leurs confidences : « Je raisonnais comme toi, ma pauvre fille, quand j'ai fait la bêtise d'épouser ton pauvre père ». — Autre monde : dans une chambre de femme à soldat, une fille laide, mi-nue, aide son client à remettre sa capote. Maternelle elle l'encourage : « Mon fils est soldat comme toi ». — En un jardin public une nourrice et une femme du peuple causent tandis qu'un gracieux baby fait des pâtés. Tristement la nounou raconte ses misères, s'excuse : « C'est pas d' ma faute... Y savait pas s' retirer ». — Mais voici, formidable, un dos d'automédon ; on devine la voiture lente, le sourire sournois du cocher interceptant la circulation, empêchant un lourd omnibus d'avancer. Le cocher du véhicule s'indigne : « Dis donc, eh Collignon, c'est-y tes opinions politiques qui t'empêchent d'aller à droite ? »

***

Mon fils est soldat comme toi!

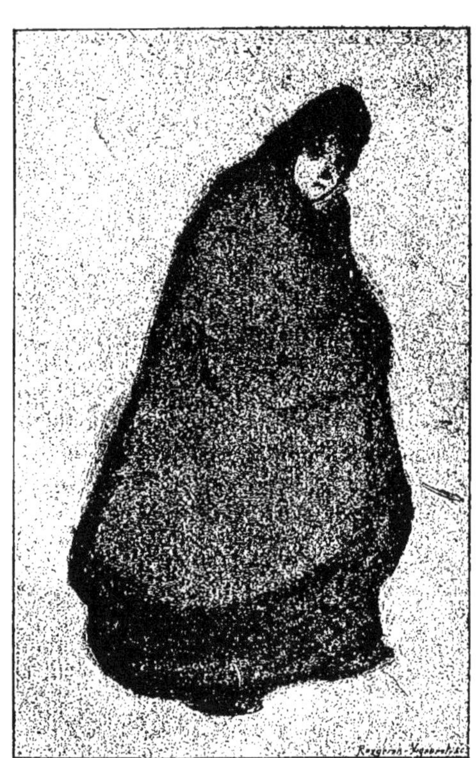

La bonne dame.

Ceux qui ont mis quelque curiosité à feuilleter l'œuvre de Henri-Gabriel Ibels ont été frappés par la présence — lithographie, eau-forte — d'une grosse dame, vraiment nouvelle venue dans l'art. Dans un emmitouflage rigoureux, elle apparaît, vaste éteignoir, enserrée en un manteau qui s'évase sous les jupes amples ; une capote couvre son crâne. Ainsi ronde, elle vire facilement. On la voit de face, de profil, de dos, bien vivante et caractéristique chaque fois. Affairée à son marché elle furète autour d'une voiture de quatre saisons ; raide elle se dirige vers un domicile ami où de longues causeries la retiendront ; son cœur est tendre aux animaux car la voici tenant en laisse un affreux toutou en train de se satisfaire. Quoique pressée elle se résigne aux exigences de son compagnon, en elle-même conclut : « Jamais nous n'arriverons pour prendre le train ». Cette grosse dame, longtemps Ibels la vécut : une rencontre fortuite, où il la vit telle qu'il la désirait lui permit une réalisation. Le cuivre, le zinc, la pierre lithographique ont illustré depuis ses faits et gestes.

Modifiée, en un salon, elle répond à cette jeune fille ingénue qui constate que Sarcey dort : « C'est pour mieux entendre mon enfant ». Peut-être fréquente-t-elle les plages, car elle semble avoir fourni cet admirable type de vieille chouette dont je parlais tout à l'heure ; on la trouve encore assise à l'écart, lourde masse noire, dans le dernier programme du THÉATRE-LIBRE.

***

L'artiste qui a créé ces œuvres si diverses est très jeune encore : vingt-cinq ans. D'une complexion forte il a déjà pu voir beaucoup, observer, vivre intensivement. Le service militaire chez certains démoralisant, a été pour lui un merveilleux champ

Chanteuse.

d'observation. Admirablement il fixe une silhouette de pantalon rouge, l'allure gobeuse du sous-off ou cassante du lieutenant. Les forains, le café-concert furent pour lui un prétexte à croquis multiples. Quelques silhouettes de chanteuses reproduites dans l'ART DU RIRE, permettent de se rendre compte de sa sûreté de notation. Hollandais d'origine, il semble tenir de sa race le don d'observation, le besoin d'étude qui le fait s'intéresser à toutes choses. Ses innombrables croquis sont tracés pour la plupart au crayon gras : noir, bleu ou rouge. La ligne ferme et continue délimite la forme ; deux traits, un point, une légère ligne font vivre un visage.

Tout cela sévère. Une suite de croquis érotiques qu'il m'a été donné de voir impose par l'austérité des lignes. Les corps cependant se gonflent, se vident, craquent sous les efforts de la passion violente. Une fillette nue, vibrant sous les attouchements d'un Pierrot, entre toutes caractéristique, a servi de donnée à la quatrième lithographie de l'*Amour s'amuse*.

J'ai rappelé que Henri-Gabriel Ibels se plaisait à modeler. On connaît de lui un profil du peintre Léo Gausson, cire verte sur fond rouge, d'une intellectualité saisissante ; une figurine de femme amoureuse posée sur une gourde ; enfin un délicat bas-relief ovale, très rapproché de ses dessins dans sa sobriété d'exécution : une jeune femme mi-nue, vue de dos, s'apprête à vêtir un peignoir.

***

Henri - Gabriel Ibels a passé par l'Académie Jullian. Mais il sentit vite le ridicule d'un enseignement contradictoire : tel professeur vantait la ligne légère, tel autre le trait lourd : tous l'emploi du bitume. Or l'élève, quoique ignorant d'impressionnisme, naturellement se plaisait aux clartés. Il aimait la chair vivante, nacrée, il sentait les ombres rosées-bleues ; parfois même l'orangé et le vert intervenaient dans ses académies. Aussi les professeurs le méprisèrent-ils vite.

« Vous êtes de la même école que Séruzier », lui dit-on un jour. Qu'était celui-ci ? — Oh, simplement un ancien bon élève, ex-massier, qui, à la suite d'nn voyage en Bretagne où il avait fortuitement rencontré M. Paul Gauguin, avait été vite conquis aux tentatives nouvelles. Il s'efforçait depuis d'oublier l'enseignement des chers maîtres. Les deux révoltés se lièrent. A eux se joignirent MM. Vuillard, Bonnard et Maurice Denis. Celui-ci, parallèlement à de consciencieuses académies, traçait pour sa joie intime de curieuses silhouettes, de neuves arabesques d'arbres.

Le petit groupe quitta bientôt la Maison Jullian, décidé à chercher lui-même la vérité. En des réunions naissaient des théories neuves, se discutaient les tentatives de chacun. Les Primitifs étaient glorifiés, les Japonais admirés, dont les synthèses de lignes, les harmonies colorées enthousiasmaient ces fiévreux chercheurs.

Mais fatalement ces tempéraments différents un instant unis contre l'imbécillité officielle devaient bientôt réclamer une liberté plus complète. Le petit groupe se divisa. Tandis que MM. Maurice Denis et Séruzier cherchaient le caractère dans la déformation de la ligne et de la couleur, que M. Bonnard se plaisait aux seules arabesques et M. Vuillard à la caresse des enveloppements, M. Henri-Gabriel Ibels s'appliquait à rendre à la ligne sa signification rigoureuse.

J'ai dit quelles œuvres ont résulté de ses recherches vers un art plus pur, plus savant dans sa simplicité. Peut-être sera-t-il permis quelque jour de citer après Daumier, Gavarni et Forain, cet artiste, comme l'un des plus parfaits traducteurs de la Comédie Humaine.

A Biribi.

ACHEVÉ D'IMPRIMER LE
VINGT FÉVRIER MIL
HUIT CENT QUATRE
VINGT-TREIZE PAR J.
ROYER A ANNONAY.

L'Imprimeur

Royer

BIBLIOTHEQUE NATIONALE DE FRANCE
3 7502 00839104 9

www.ingramcontent.com/pod-product-compliance
Ingram Content Group UK Ltd.
Pitfield, Milton Keynes, MK11 3LW, UK
UKHW012302240726
13966UKWH00004B/1561

9 782011 925473